DE

M. DE VILLÈLE

ET DE

M. DE CHATEAUBRIAND

A L'ABOLITION

DE LA CENSURE

LA

J. DE VILLÈLE,

ET LA

M. DE CHATEAUBRIAND

A L'ABOLITION

DE LA CENSURE.

LE NORMANT FILS, IMPRIMEUR DU ROI,
rue de Seine, n° 8, faubourg Saint-Germain.

DE

M. DE VILLÈLE

ET DE

M, DE CHATEAUBRIAND

A L'ABOLITION

DE LA CENSURE.

————>+>>+≪+<+—

A peine Charles X occupe le trône de ses aïeux, que la France lui élève des autels dans tous les cœurs. Déjà l'imagination rêve un monument où la postérité lira écrit en lettres d'or cet hommage si justement mérité : *A Charles X la patrie reconnoissante.*

Vive le Roi! Que ce cri retentisse sur

tous les points du royaume : chaque pas que notre bien-aimé monarque fait dans le sentier de la royauté est signalé par de nouveaux bienfaits. Appelons à partager le tribut de notre reconnoissance M. le Dauphin, que la Providence a placé près du trône pour la gloire et l'ornement de notre belle France. Notre cri d'allégresse est l'écho de la patrie ; il vole de bouche en bouche. Peu de jours se sont écoulés depuis que Charles X est venu recevoir la couronne de la main de l'Ancien des temps ! Nous étions émus jusqu'aux larmes en recueillant les bénédictions dont la nation entière combloit son père, son ami, son protecteur. Les cœurs trouveront-ils aujourd'hui des paroles pour bénir le Roi ?

La censure est abolie ! La censure qui pesoit principalement sur les vrais amis de la monarchie, est rentrée dans le néant : rappelée par la foiblesse d'un ministère qui avoit bâti sur le sable, elle est rejetée par l'énergie du monarque, qui trouve une nouvelle force dans l'amour de ses sujets.

Charles a entendu les réclamations de son peuple. Sa main royale a brisé les chaînes qu'on nous avoit imposées. Nous avions prévu ce nouveau bienfait: le cœur d'un Français devine facilement le cœur d'un Bourbon ! L'impéritie du ministère, sa pusillanimité avoient exposé au danger le vaisseau de l'Etat : le Roi vient de le sauver. Le décret royal n'est qu'une conséquence des promesses franches et loyales du fils du bon Henri; Sa bienveillance nous a promis solennellement le maintien de nos institutions : déjà le glaive de sa sagesse tranche, extirpe tout ce qui pourroit devenir funeste à l'œuvre de Louis. A son avènement, Charles X a promené ses regards sur le sol français : il a lu, dans la tranquillité du royaume, dans l'amour de ses peuples pour la royale famille, un démenti formel aux insinuations.

fallacieuses dont on environnoit le trône sur les intentions des défenseurs constans de la monarchie.

Le Roi a vu, le Roi a fait justice. Le ministère vient d'être frappé d'un coup mortel : abandonné à lui-même, que peut-il devenir ? — Depuis long-temps il a déserté notre bannière : peut-il espérer de trouver des défenseurs dans nos rangs ? — L'ambitieux abandonne les antichambres ! le vent de la faveur ne souffle plus de ce côté, il tourne ses pas ailleurs , emportant avec lui ses flatteries et son encensoir. Les prôneurs gardent un morne silence : ils attendent avec inquiétude ; ils cherchent à lire sur d'autres fronts si l'on veut acheter leurs éloges. L'idole va être brisée.

Que l'on nous dise maintenant que le ministère n'est pas en proie à la terreur d'un homme qui a sur la conscience un pesant fardeau : il a peur de son ombre ; pour lui la feuille agitée par le vent devient un fantôme sinistre; la vérité un poignard.

En montrant du doigt son incapacité, en dévoilant ses alarmes, nous avons usé d'un droit, nous avons rempli un devoir: nous le remplissons encore. La censure ne peut plus exécutér les intentions des fondateurs; elle n'est plus : ses anathèmes ne peuvent nous atteindre; nous avons cessé de craindre pour nos écrits la main fatale du bourreau.

À l'aspect de ce rigorisme qui ne pesoit à bien prendre que sur les amis du Roi, on se demandoit où est la justice distributive, où est l'impartialité ministérielle. Tout en attaquant le ministère, nous respections les individus ; nous rendions hommage à leurs vertus privées, et cependant nous étions mis à l'*index*; tandis que sous nos yeux, semblables aux plaies d'Egypte, des libelles infestoient le royaume. Quel nom donner à ces hommes qui ont ravalé la dignité de l'écrivain jus-

qu'à tenter de flétrir un membre dé la
Chambre haute par les moyens les plus.
vils? Que l'on attaque ses actions comme
ministre, rien de mieux ; ce n'est pas sortir dé la limite de ses droits : c'est faire
la guerre en brave et non en esclave ;
mais tremper sa plume dans le fiel de
la calomnie et de la noirceur, diffamer
l'homme privé, se faire contre lui des
armes de ses talens et de ses vertus, avan-
cer des faits qui n'ont jamais existé que
dans l'imagination perfide et mensongère
des agens du pouvoir, c'est ce qui passe
toute croyance! c'est ce qui fait le scan-
dale de la société! Ne me prendra-t-on
pas pour un imposteur, en disant que
pour couvrir de nuages la réputation du
noble vicomte, plus de soixante pam-
phlets ont été lancés dans le public, sur
lesquels, nous devons le dire, il a impri-
mé le cachet du mépris ?

Le pouvoir est témoin de ces infamies!
Que dis-je? il en est le complice! Un li-

belliste n'est-il pas mieux accueilli par lui qu'un vétéran de l'armée de Condé, qu'une victime de la révolution, qu'un héros de la fidélité et de l'exil ? Pour les uns sont réservées les douceurs, les prévenances et les sucreries ministérielles; ils sont choyés comme les enfans de la maison ; les autres ne doivent prétendre qu'aux destitutions, aux rebuts et aux deboires que leur prodigue l'omnipotence.

Quelle que soit la faveur dont jouissent les zoïles de nos jours, nous n'envierons jamais leur sort. Nous trouvons plus digne de nous de rester sur le terrain de la disgrâce et de l'honneur. Nous ne soumettons maintenant ces tristes réflexions au lecteur, que parce que jusqu'alors on avoit imposé sur nos lèvres le doigt d'Harpocrate : l'attaque la plus scandaleuse étoit permise ; la défense la plus légitime étoit interdite.

Bien que l'on voudroît encore essayer de mettre des entraves à la manifestation de la vérité, nous ne la proclamerons pas moins avec courage à la face de la France, qui déjà l'a accueillie de notre bouche avec empressement.

Ce que nous avons dit il y a huit jours, nous pourrions le répéter ici avec plus d'assurance encore ; car sur tous les points du royaume de nouveaux mécontente-mens éclatent journellement contre le ministère.

La France a reconnu la nullité dont il est entaché. Elle a vu ses droits profanés, sa gloire compromise, ses intérêts exposés ; forte de l'amour de son Roi pour elle, à grands cris elle demande d'autres hommes d'Etat.

En ce moment, de graves questions s'élèvent : elles ont été provoquées par la force des choses. Le ministère peut-il espérer de prolonger encore son existence politique ? A sa chute, quels seront ses successeurs ? La première question est déjà résolue par l'opinion, par la loyauté avec laquelle Charles marche à pas de géant pour notre bonheur.

Nous pouvons simplifier le personnel du ministère, en le désignant sous la raison sociale de *Villèle et compagnie*. Le despotisme oriental avec lequel il fait planer la verge de fer sur la tête de ses collègues, motive la réduction du pouvoir à la plus simple expression. Dans notre brochure intitulée : *Vices Alarmes du Ministère*, nous croyons avoir établi que le jour des comptes est arrivé. Le système de M. de Villèle, système décrié maintenant comme la fausse monnaie, doit entraîner la chute de son auteur, et de ceux qu'il s'est donnés pour collègues.

Les excellences doivent le sentir ; déjà elles ont dû s'offrir en holocauste. Après avoir traversé la session dernière comme une mer orageuse, battues de tous côtés, elles sentent elles-mêmes qu'elles ne peuvent pas s'exposer à de nouveaux dangers, et qu'il faut songer à la retraite. ···

La chute de M. le président du conseil est donc inévitable; quel sera son successeur? voilà la grande difficulté.

A mon avis, les candidats peuvent se réduire à deux. Eux seuls fixent l'attention; eux seuls sont sur les rangs. D'une part le vicomte de Chateaubriand, éliminé avec tant de formes et de convenances, de l'autre M. de Villèle qui espère se survivre à lui-même, bien que depuis quelque temps on ne parle plus que de *feue la réputation colossale* du ministre des finances.

L'honorable comte sait bien que le collége ministériel ne peut pas conserver sa constitution telle qu'elle est aujourd'hui. Jusque-là il ne s'effraie pas beaucoup. Il verra même d'un grand sang-froid ses confrères défiler successivement.

Si cela est nécessaire, il les sacrifiera bien aussi. Que ne feroit-on pas pour sa sûreté personnelle? En un mot, plein de croyance dans la chute du ministère, il espère qu'une inspiration au moment du danger, un coup de politique bien frappé, lui faciliteront les moyens dans la mutation qui doit avoir lieu, de faire succéder M. de Villèle au président actuel du conseil. L'idée est heureuse; attendons l'événement.

Si l'honorable comte étoit encore assis sur les bancs de la Chambre des Députés, si les finances n'étoient pas devenues l'écueil de sa renommée, la lutte entre lui et M. de Chateaubriand seroit incertaine. Nous rendrons cet hommage aux anciennes doctrines de M. de Villèle. Alors qu'il suivoit franchement la marche imprimée au gouvernement, par la sagesse du feu Roi, qu'il combattoit sous le véritable étendard de la monarchie, on pouvoit supposer qu'à l'art de bien dire il joindroit, étant à la tête des affaires, l'art de bien administrer.

Il nous a prouvé le contraire en paroissant au grand jour. — A peine sur le

pinacle, il met entre ses opinions passées
et le présent un voile épais , qu'il n'ose
soulever lui-même. Il se lance avec im-
pétuosité dans une route nouvelle ! Avant
son élévation, il s'emportoit à la Chambre
contre les ministres , contre leur empié-
tement sur les droits des députés , leurs
malversations dans les élections; il gémis-
soit sur les intérêts de la nation compro-
mis ; il regrettoit de ne pouvoir enchaî-
ner auprès du trône les vrais amis du Roi.
On le croit sur parole ! sa profession de
foi devient le marche-pied qui le conduit
au pouvoir. A peine y est-il qu'il déserte
la cause commune : il devient pire que ses
devanciers ; il s'empare de leurs concep-
tions bizarres , fouille dans leurs cartons
poudreux pour en tirer des projets gigan-
tesques. Son cerveau n'enfante que des
fantômes : il compromet la gloire de
nos armes ; il frappe de destitution, pour
ainsi dire , le reste des hommes sains ;
que le glaive de ses prédécesseurs avoit

´pargnés. Le commerce languit ; de sour-
des inquiétudes , semblables à un sang
brûlant , circulent dans les veines de la
société. L'instabilité devient plus grande
de jour en jour : des symptômes alarmans
se manifestent de toute part. Voilà les an-
técédens de M. de Villèle? voilà les résul-
tats de sa politique ?

Nous abordons en tremblant les pages
que nous destinons à examiner les garan-
ties que M. de Chateaubriand présente à
la confiance royale. Si nous abhorrons le
rôle de libelliste , nous ne redoutons pas
moins le titre de flatteur. A Dieu ne plaise
que notre plume distille des louanges ou-
trées ! de la flatterie à l'outrage il n'y a
qu'un pas.

Le noble vicomte lui-même écarteroit
d'une main sévère tout ce qui dépasseroit
les bornes ; et rejetteroit avec dédain la
coupe qui recéleroit le poison perfide de
l'adulation.

Mais pourquoi craindre de nous expri-

mer franchement ? nous avons pour té-
moins de nos paroles la vérité, les per-
sonnages les plus augustes , la France et
l'Europe entière.

Lorsque le Roi daigne appeler un de
ses sujets à l'honneur insigne de suppor-
ter une partie du fardeau du gouvernement, ses yeux parcourent la carrière politique de l'homme qu'il veut choisir ; il
l'étudie avec soin , il cherche à découvrir
si le ministre qu'il va donner à son peuple
est susceptible de contribuer à son bonheur. Son amour pour ses sujets lui ins-
pire le désir de connoître le candidat dé-
signé par l'opinion nationale , et sa gloire
est intéressée à ce qu'il ne heurte pas de
front l'influence de convenance que les
cabinets des différentes cours de l'Europe
exercent les uns sur les autres. Considé-
rons le noble pair sous ces divers points
de vue.

Il est l'ami du peuple, celui-là, qui ne
monte au pouvoir que pour travailler à

la prospérité du royaume ; celui-là dont le cœur n'est pas dévoré par la soif des richesses, qui entre dans le temple de la Fortune sans ambition, et qui, loin d'en sortir avec fracas, chargé d'immenses trésors, s'échappe par une porte dérobée, escorté de son seul mérite, et du modeste patrimoine de ses ancêtres.

Eloigné d'une manière brusque et scandaleuse par un collègue ombrageux, M. de Chateaubriand a été maintenu au pouvoir par l'opinion publique : c'est là le cas de distinguer entre l'existence de droit et l'existence de fait. On peut bannir un instant un propriétaire de ses domaines, mais ses droits ne se prescrivent pas. Au retour, ses amis l'accueillent comme quelqu'un que l'on attend toujours : ainsi le noble pair a pu, par une force majeure, disparoître un instant ; mais sa place est toujours marquée, et sa rentrée au ministère ne sera point le résultat d'une nouvelle nomination, mais la sanction de la persuasion générale qui le regarde comme présent.

Loin de nous la pensée de vouloir obscurcir le mérite du ministre actuel des affaires étrangères : nous respectons trop ses talens, ses principes et sa loyauté. Sans doute il auroit suivi d'un pas ferme la ligne qui lui étoit tracée par son illustre prédécesseur, sans l'impulsion ridicule donnée à son poste pendant les jours de veuvage de ce ministère.

Nous avons recueilli les regrets de l'Europe à l'époque où, pour relever l'éclat de son triomphe, M. de Villèle avoit fait entrer les relations extérieures dans son apanage.

Pleines d'admiration pour les écrits du noble pair, qui le placent au rang des grands hommes du siècle, le regardant comme un des meilleurs publicistes, après l'avoir possédé comme ambassadeur dans leur sein, où il a porté au plus haut degré la gloire du nom français, les cours étrangères ont été frappées de stupeur à la nouvelle de sa disgrâce. M. de Villèle avoit cru enfanter un grand coup de politique ; mais il n'a fait que donner un nouvel éclat au mérite de son rival. Il croyoit l'avoir anéanti ; mais déjà M. de Chateaubriand étoit hors de la portée de ses coups ; la postérité l'avoit pris sous sa sauvegarde : la France, et l'Europe s'étoient emparées de la victime, et la portoient en triomphe. L'Europe surtout, libre de manifester sa douleur et ses espérances, déploroit la perte que venoit de faire notre patrie, et hâtoit de tous ses vœux le moment où elle pourroit renouer ses relations avec le disgracié triomphant.

Telle est la tâche que nous nous étions imposée : nous l'avons remplie avec impartialité. Pour parvenir à notre but, nous avons eu seulement à recourir à l'histoire de ce qui s'est passé depuis quelque temps.

Nous déposons nos réflexions au pied du trône : nous ne faisons point entendre une voix solitaire; la France se joint à nous pour improuver le système ministériel qui nous a régis; avec nous elle proclame son admiration pour le noble pair que déjà la bienveillance royale semble appeler au pouvoir.

La bienfaisance des Bourbons est inépuisable. Charles X, chef auguste de nos princes, ne respire que pour le bonheur des Français! La liberté qu'il vient de donner aux amis de la monarchie, nous est un heureux présage des jours prospères qui sont réservés à la patrie. Sa sagesse saura s'entourer d'hommes dignes de sa confiance. Réunissons-nous pour aimer, bénir notre Roi, et que ce noble cri soit le cri unanime :

VIVE LE ROI!